AF193996

Impressum
Verlag: BABADADA GmbH, Nedderfeld 112 , 22529 Hamburg
Geschäftsführer / Verlagsleitung: Harald Hof
Druck: Books on Demand GmbH, In de Tarpen 42, 22848 Norderstedt

Imprint
Publisher: BABADADA GmbH, Nedderfeld 112 , 22529 Hamburg, Germany
Managing Director / Publishing direction: Harald Hof
Print: Books on Demand GmbH, In de Tarpen 42, 22848 Norderstedt

makaranta

σχολείο

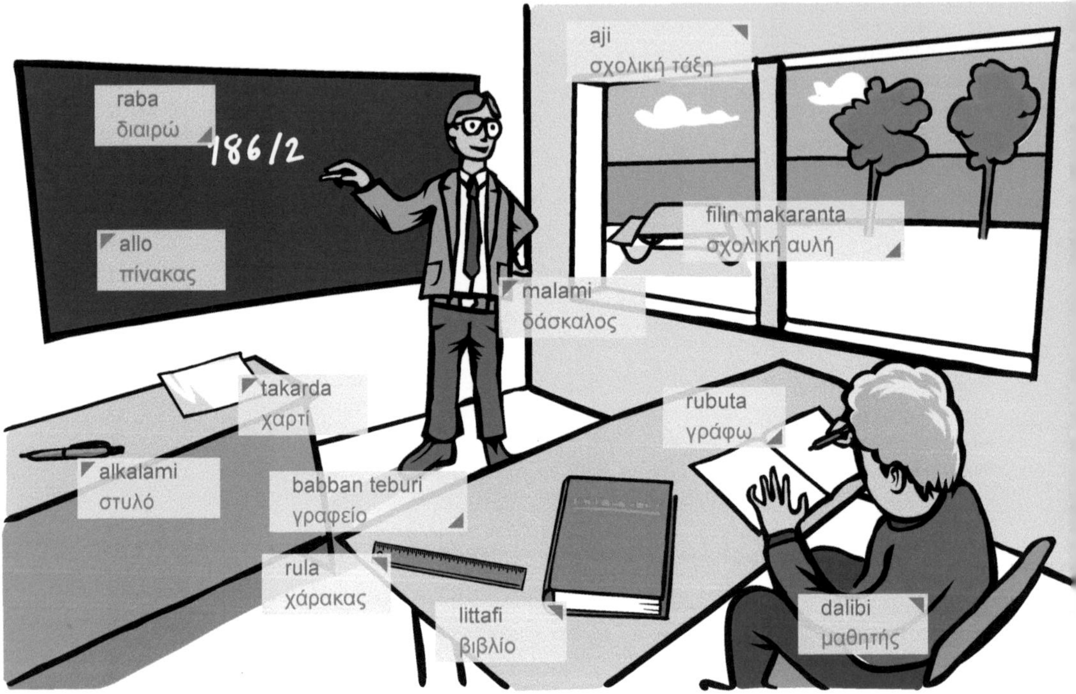

aji
σχολική τάξη
raba
διαιρώ
186/2
allo
πίνακας
filin makaranta
σχολική αυλή
malami
δάσκαλος
takarda
χαρτί
rubuta
γράφω
alkalami
στυλό
babban teburi
γραφείο
rula
χάρακας
littafi
βιβλίο
dalibi
μαθητής

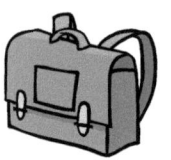

jakar makaranta

σχολική τσάντα

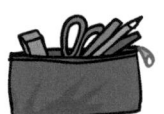

gidan fensir

κασετίνα/ μολυβοθήκη

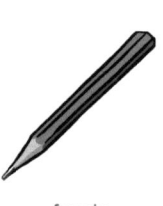

fensir

μολύβι

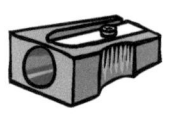

abin fike fensir

ξύστρα

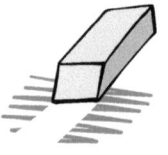

kilina

γόμα

kwalin zane

μπλοκ ζωγραφικής

zane

ζωγραφική

burushin fenti

πινέλο

gwangwanin fenti

κουτί χρωμάτων

almakashi

ψαλίδι

gam

κόλλα

littafi aiki

τετράδιο ασκήσεων

aikin gida

εργασία για το σπίτι

lamba

αριθμός

kara

προσθέτω

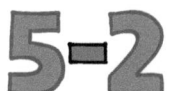

debe

αφαιρώ

yi sau

πολλαπλασιάζω

kwakuleta

υπολογίζω

wasika

γράμμα

harafi

αλφάβητο

kalma

λέξη

rubutu

κείμενο

karanta

διαβάζω

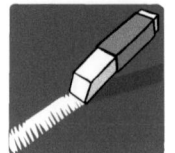

alli

κιμωλία

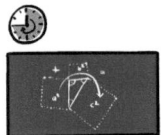

darasi

μάθημα

rijista

εγγράφομαι

jarabawa

τεστ

satifiket

πιστοποιητικό

kayan makaranta

μαθητική στολή

ilimi

εκπαίδευση

kundin ilimi

εγκυκλοπαίδεια

jami'a

πανεπιστήμιο

madubin kimiyya

μικροσκόπιο

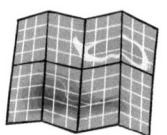

taswira

χάρτης

kwandon shara

καλάθι αχρήστων

bulaguro
ταξίδι

otal
ξενοδοχείο
Grand
dakunan dalibai
ξενώνας
ROOMS
gidan canjin kudi
ανταλλακτήρια συναλλάγματος
karamin akwati
βαλίτσα
karamar mota
αυτοκίνητο

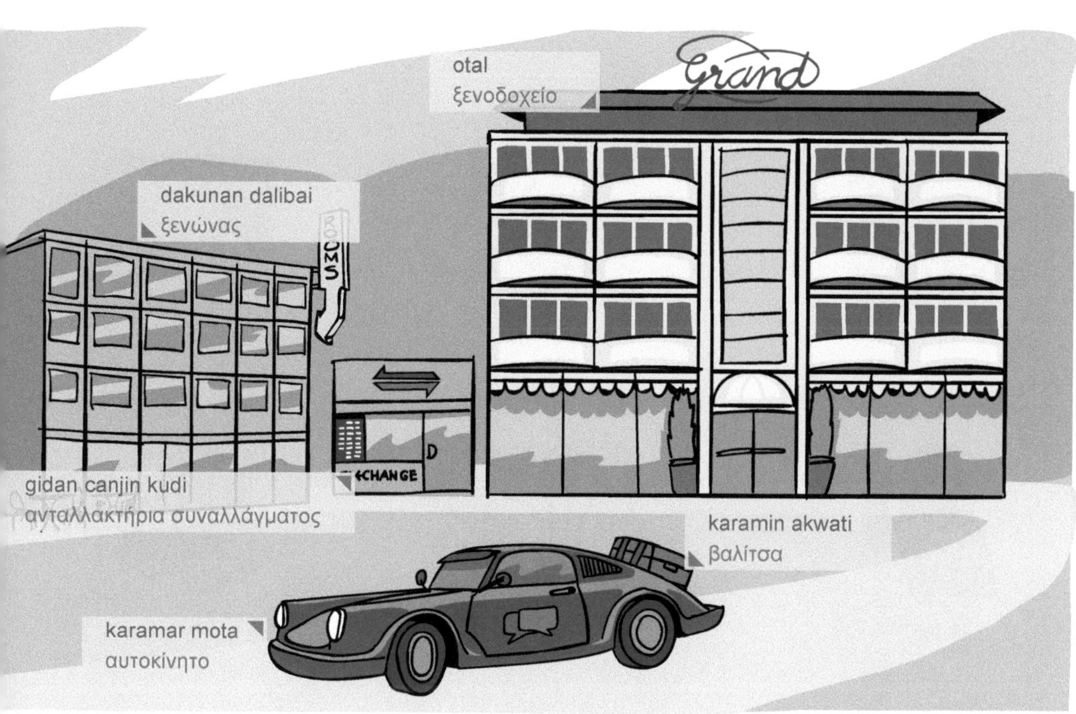

yare

γλώσσα

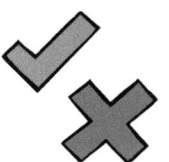

e/a'a

ναι / όχι

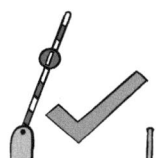

Ya yi

εντάξει

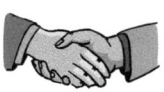

barka dai

γεια σου

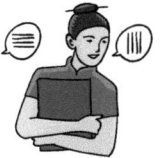

mai fassara

μεταφραστής

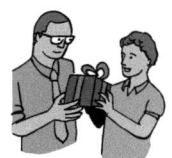

Na gode

Ευχαριστώ

nawa ne...?

πόσο κάνει ;

ban gane ba

Δε καταλαβαίνω

matsala

πρόβλημα

Barka da yamma!

Καλησπέρα!

Ina kwana!

Καλημέρα!

barka da dare!

Καληνύχτα!

sai an jima

Αντίο

alkibla

κατεύθυνση

kaya

αποσκευές

jaka

τσάντα

jakar goyawa

σακίδιο πλάτης

bako

καλεσμένος

daki

δωμάτιο

jakar barci

υπνόσακος

tanti

σκηνή

bayanin dan yawon bude-ido

τουριστικές πληροφορίες

bakin ruwa

παραλία

katin banki

πιστωτική κάρτα

karin kumallo

πρωινό

abincin rana

μεσημεριανό

abincin dare

δείπνο

tikiti

εισιτήριο

daga

ανελκυστήρας

hatimi

γραμματόσημο

iyaka

σύνορα

kudin fiton kaya

τελωνείο

ofishin jakadanci

πρεσβεία

biza

βίζα

fasfo

διαβατήριο

abin hawa

μεταφορά

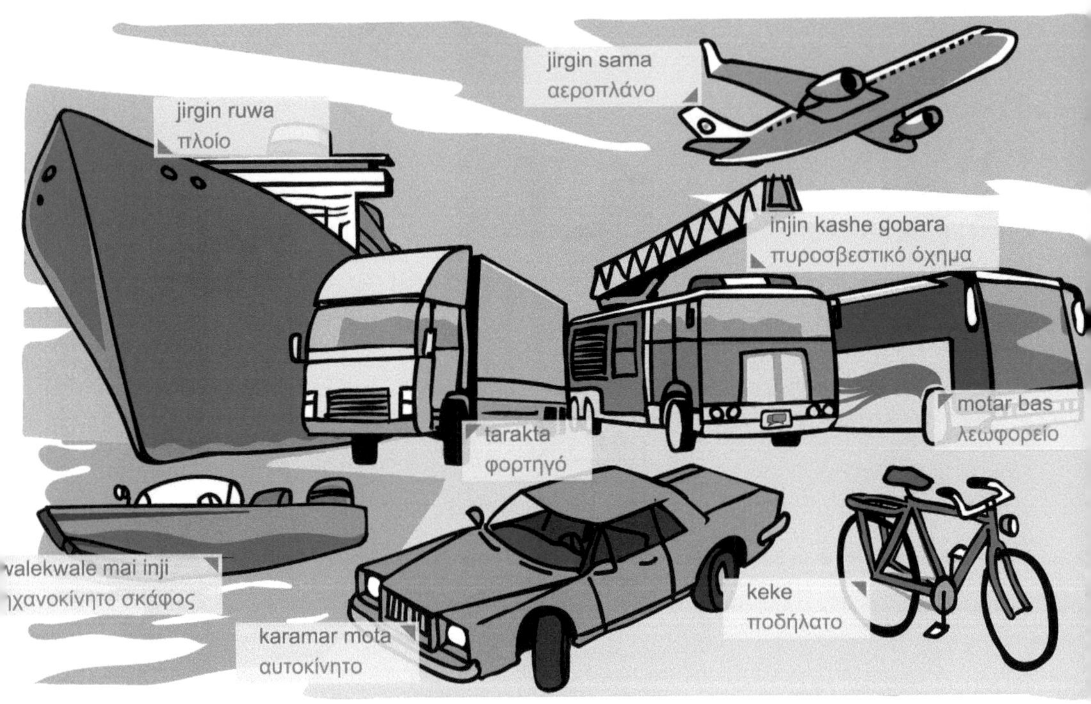

jirgin sama
αεροπλάνο
jirgin ruwa
πλοίο
injin kashe gobara
πυροσβεστικό όχημα
motar bas
λεωφορείο
tarakta
φορτηγό
valekwale mai inji
χανοκίνητο σκάφος
keke
ποδήλατο
karamar mota
αυτοκίνητο

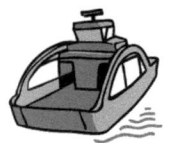

karamin jirgin ruwa

φεριμπότ

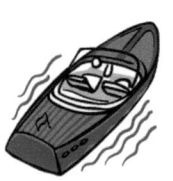

kwalekwale

βάρκα

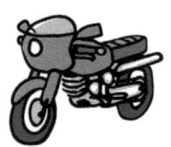

babur

μοτοσικλέτα

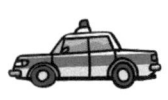

motar 'yansanda

περιπολικό

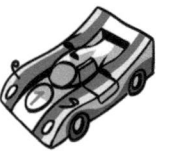

motar tsere

αγωνιστικό αυτοκίνητο

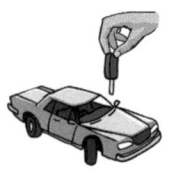

motar haya

ενοικιαζόμενο αυτοκίνητο

tarayyar karamar mota

διαμοιρασμός αυτοκινήτων

babbar mota da ta lalace

γερανός

motar shara

απορριμματοφόρο

mota

κινητήρας

mai

καύσιμο

gidan mai

βενζινάδικο

alamar titi

πινακίδα σήμανσης

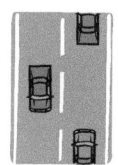

zirga-zirga

κυκλοφορία

cunkoson ababen hawa

κυκλοφοριακή συμφόρηση

wurin ajiye mota

χώρος στάθμευσης

tashar jirgin kasa

σιδηροδρομικός σταθμός

filin tsere

σιδηροδρομικές γραμμές

jirgin kasa

τρένο

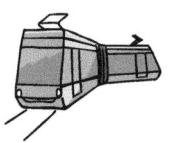

jirgin kasa mai kyabil

τραμ

keken doki

βαγόνι

helikwafta

ελικόπτερο

filin jirgin sama

αεροδρόμιο

hasumiya

πύργος

fasinja

επιβάτης

mazubi

εμπορευματοκιβώτιο

kwali

χαρτοκιβώτιο

amalanke

καρότσι

kwando

καλάθι

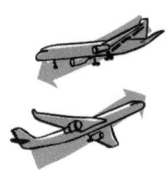

tashi / sauka

απογειώνομαι /
προσγειόνομαι

birni

πόλη

kauye

χωριό

tsakiyar birni

κέντρο της πόλης

gida

σπίτι

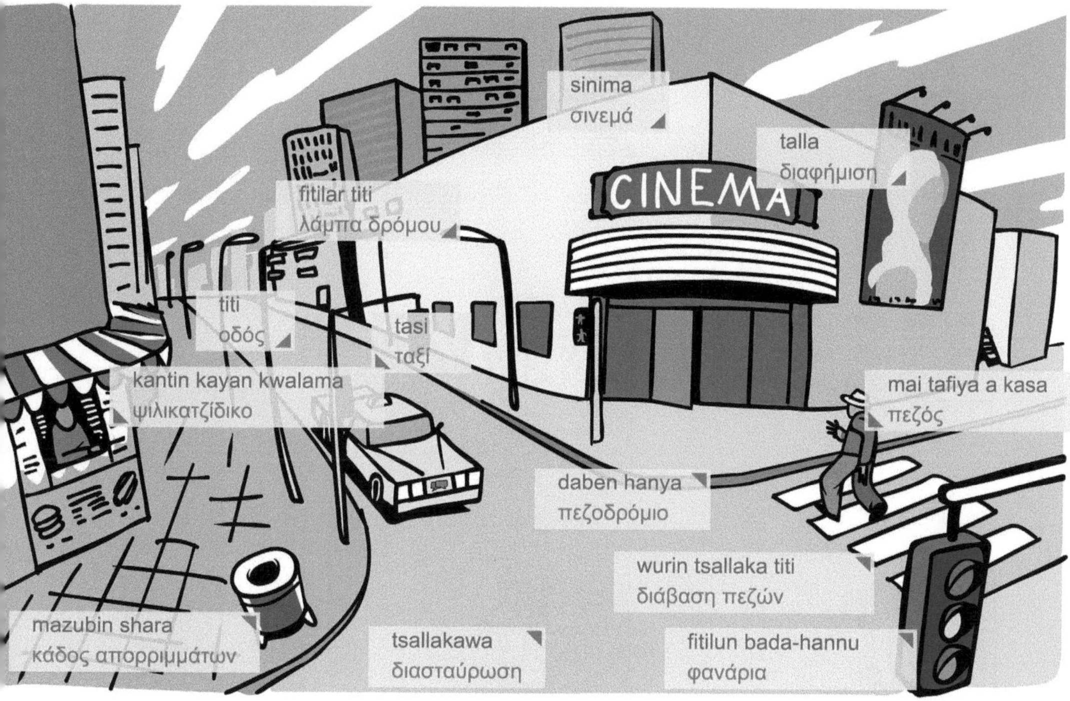
sinima
σινεμά
CINEMA
talla
διαφήμιση
fitilar titi
λάμπα δρόμου
titi
οδός
tasi
ταξί
kantin kayan kwalama
ψιλικατζίδικο
mai tafiya a kasa
πεζός
daben hanya
πεζοδρόμιο
wurin tsallaka titi
διάβαση πεζών
mazubin shara
κάδος απορριμμάτων
tsallakawa
διασταύρωση
fitilun bada-hannu
φανάρια

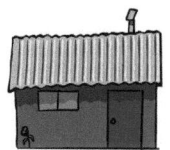

bukka

καλύβα

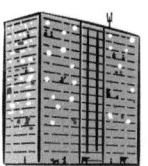

shafaffe

διαμέρισμα

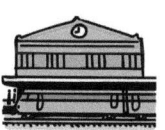

tashar jirgin kasa

σιδηροδρομικός σταθμός

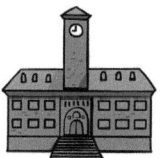

dakin taro

δημαρχείο

MUSEUM

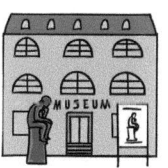

gidan kayan tarihi

μουσείο

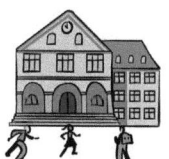

makaranta

σχολείο

jami'a

πανεπιστήμιο

banki

τράπεζα

asibiti

νοσοκομείο

otal

ξενοδοχείο

kantin magani

φαρμακείο

ofis

γραφείο

kantin littattafai

βιβλιοπωλείο

kanti

κατάστημα

mai sayar da furanni

ανθοπωλείο

babban kanti

σούπερ μάρκετ

kasuwa

αγορά

kanti mai sassa

πολυκατάστημα

shagon sayar da kifi

ιχθυοπωλείο

wurin sayayya

εμπορικό κέντρο

matsayar jiragen ruwa

λιμάνι

ma'ajiyar motoci

πάρκο

benci

παγκάκι

gada

γέφυρα

kafar bene

σκάλες

karkashin kasa

μετρό

ramin karkashin kasa

τούνελ

matsayar bas

στάση λεωφορείου

mashaya

μπαρ

gidan abinci

εστιατόριο

akwatin sakonni

γραμματοκιβώτιο

alamar titi

πινακίδα δρόμου

mitar ajiye motoci

παρκόμετρο

gidan namun daji

ζωολογικός κήπος

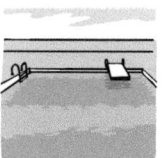

kwamin iyo

πισίνα

masallaci

τζαμί

gona
αγρόκτημα

gurbata
ρύπανση

makabarta
νεκροταφείο

coci
εκκλησία

filin wasanni
παιδική χαρά

dakin bauta
ναός

fadin kasa
τοπίο

ganye
φύλλο

turken alama
πινακίδα κατεύθυνσης

hanya
δρόμος

makiyaya
λιβάδι

dutse
πέτρα

mai tattaki
πεζοπόρος

bishiya
δέντρο

korama
ποτάμι

ciyawa
χορτάρι

fure
λουλούδι

kwazazzabo

κοιλάδα

tudu

λόφος

tafki

λίμνη

daji

δάσος

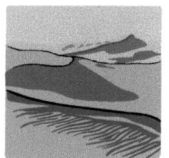

hamada

έρημος

amon dutse

ηφαίστειο

fada

κάστρο

bakan-gizo

ουράνιο τόξο

malafar jaki

μανιτάρι

bishiyar kwakwar manja

φοίνικας

sauro

κουνούπι

kuda

μύγα

tururuwa

μυρμήγκι

zuma

μέλισσα

gizo

αράχνη

burgunguma

σκαθάρι

kwado

βάτραχος

kurege

σκίουρος

bushiya

σκαντζόχοιρος

zomo

λαγός

mujiya

κουκουβάγια

tsuntsu

πουλί

agwagwar ruwa

κύκνος

aladen daji

αγριογούρουνο

namijin barewa

ελάφι

kanki

άλκη

dam

φράγμα

lantarki mai iska

ανεμογεννήτρια

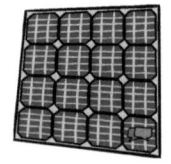

farantin hasken rana

ηλιακός συλλέκτης

yanayi

κλίμα

sabis
σερβιτόρος

jerin abinci
κατάλογος

kujera
καρέκλα

miya
σούπα

fiza
πίτσα

kyallen rufe tuburi
τραπεζομάντιλο

wuka da cokula
μαχαιροπίρουνα

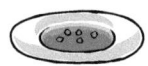

makunni

ορεκτικό

babban abinci

κύριο πιάτο

kayan zaki

επιδόρπιο

kayan sha

ποτά

abinci

φαγητό

kwalba

μπουκάλι

abincin tafi-da-gidanka

φαστ φουντ

abincin titi

φαγητό στ' όρθιο

tukunyar shayi

τσαγιέρα

kwanon sikari

δοχείο ζάχαρης

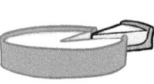

gutsire

μερίδα

injin hada kofi

μηχανή εσπρέσο

kujera mai tudu

ψηλή καρέκλα

doka

λογαριασμός

tire

δίσκος

wuka

μαχαίρι

cokali mai yatsu

πιρούνι

cokali

κουτάλι

cokalin shayi

κουταλάκι του τσαγιού

kyallen cin abinci

πετσέτα φαγητού

gilashi

ποτήρι

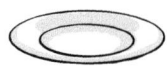

faranti
πιάτο

farantin miya
πιάτο σούπας

farantin kofi
πιατάκι φλιτζανιού

hadin dandano
σάλτσα

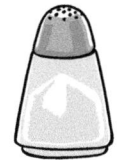

mazubin gishiri
αλατιέρα

abin nikan yaji
μύλος για πιπέρι

lamurje
ξύδι

mai
λάδι

kayan dandano
μπαχαρικά

miyar tumatir
κέτσαπ

mustad
μουστάρδα

mayonnaise
μαγιονέζα

babban kanti

σούπερ μάρκετ

tayin musamman
προσφορά
FOR
abokin ciniki
πελάτης
matatsar nono
γαλακτοκομικά προϊόντα
kayan marmari
φρούτα
abin daukar kaya
καρότσι για ψώνια

BUTCHERS

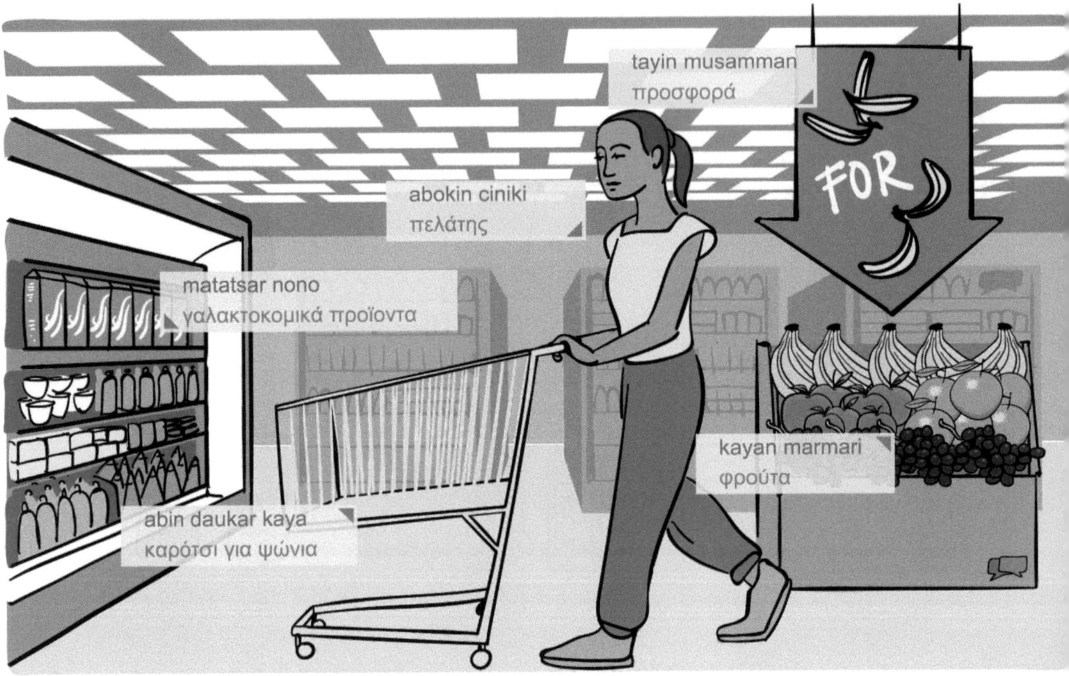

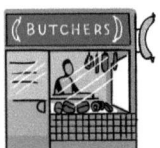

na mahauci

κρεοπωλείο

BAKERY

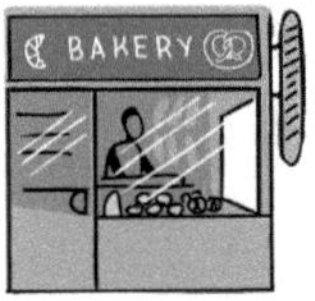

shagon mai burodi

φούρνος

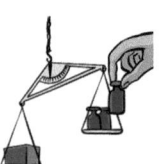

auna nauyi

ζυγίζω

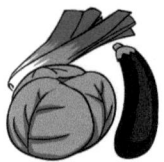

kayan lambu

λαχανικά

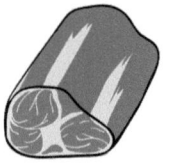

nama

κρέας

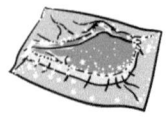

darkararren abinci

κατεψυγμένα τρόφιμα

nama mai sanyi

αλλαντικά

abincin gwangwani

κονσερβοποιημένη τροφή

garin sabulun wanki

απορρυπαντικό ρούχων

alewa

γλυκά

kayan amfanin gida

οικιακά είδη

kayan tsafta

καθαριστικά προϊόντα

mai sayarwa

πωλήτρια

haro

ταμείο

mai biyan kudi

ταμίας

jerin kayan sayayya

λίστα για ψώνια

sa'o'in budewa

ωράριο λειτουργίας

alabe

πορτοφόλι

katin banki

πιστωτική κάρτα

jaka

τσάντα

jakar roba

πλαστική σακούλα

ruwa

νερό

ruwan 'ya'yan itace

χυμός

madara

γάλα

coke

κόκα κόλα

barasa

κρασί

giya

μπίρα

barasa

αλκοόλ

koko

κακάο

shayi

τσάι

kofi

καφές

bakin kofi

εσπρέσο

kofi mai madara

καπουτσίνο

ayaba

μπανάνα

tufa

μήλο

lemon zaki

πορτοκάλι

kankana

πεπόνι

lemon tsami

λεμόνι

karas

καρότο

tafarnuwa

σκόρδο

gora

μπαμπού

albasa

κρεμμύδι

kunnen-jaki

μανιτάρι

dangin gyada

ξηροί καρποί

dangin taliya

νουντλς

sufageti

μακαρόνια

shinkafa

ρύζι

man salak

σαλάτα

sala-sala

πατατάκια

soyayyen dankali

τηγανητές πατάτες

fiza

πίτσα

hambaga

χάμπουργκερ

sanwich

σάντουιτς

kwan nama

κοτολέτα

naman alade

ζαμπόν

salami

σαλάμι

kilishin turawa

λουκάνικο

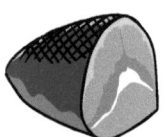

kaza

κοτόπουλο

gashi

ψητό

kifi

ψάρι

kamun oats

χυλός βρώμης

muesli

μούσλι

kwamfiles

κορν φλέικς

fulawa

αλεύρι

fanke

κρουασάν

yankan burodi

ψωμάκι

burodi

ψωμί

gashi

τοστ

biskit

μπισκότα

bota

βούτυρο

man shanu

τυρόπηγμα

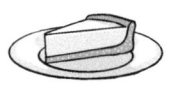

kek

κέικ

kwai

αυγό

soyayyen kwai

τηγανητό αυγό

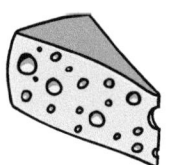

cuku

τυρί

askirim

παγωτό

sikari

ζάχαρη

zuma

μέλι

jam

μαρμελάδα

cakuletin shafawa

άλλειμμα σοκολάτας

kori

κάρυ

gidan gona
αγρόσπιτο

damin karmami
δεμάτι άχυρου

rumbu
αχυρώνας

fili
χωράφι

doki
αλόγο

tirela
ρυμουλκούμενο

dan doki
πουλάρι

tarakta
τρακτέρ

jaki
γάιδαρος

tumaki
πρόβατο

dan tunkiya
αρνί

akuya

κατσίκα

saniya

αγελάδα

maraki

μοσχαράκι

alade

γουρούνι

dan alade

γουρουνάκι

bajimi

ταύρος

dinya

χήνα

agwagwa

πάπια

dan tsako

κοτοπουλάκι

kaza

κότα

zakara

κόκορας

bera

αρουραίος

kyanwa

γάτα

bera

ποντίκι

takarkari

βόδι

kare

σκύλος

dakin kare

σπιτάκι σκύλου

bututun lambu

λάστιχο κήπου

bokitin ban-ruwa

ποτιστήρι

ashasha

θεριστήρι

garma

αλέτρι

lauje

δρεπάνι

fartanya

τσάπα

cebur mai yatsu

δίκρανο

gatari

τσεκούρι

wilbaro

χειράμαξα

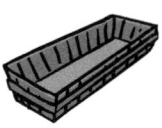

mazubin abincin dabbobi

ταΐστρα

gwangwanin madara

δοχείο γάλακτος

buhu

σάκος

shinge

φράχτης

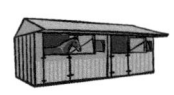

barga

στάβλος

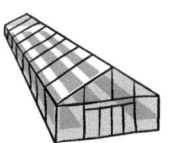

koren-gida

θερμοκήπιο

rairai

έδαφος

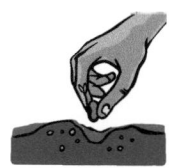

iri

σπόρος

taki

λίπασμα

injin girbi da sussuka

θεριζοαλωνιστική μηχανή

gona - αγρόκτημα

girbe

θερίζω

girbi

συγκομιδή

doya

γιαμς

alkama

σιτάρι

waken soya

σόγια

dankali

πατάτα

dawa

καλαμπόκι

furen mai

κράμβη

bishiyar kayan marmari

οπωροφόρο δέντρο

rogo

μανιόκα

hatsi

δημητριακά

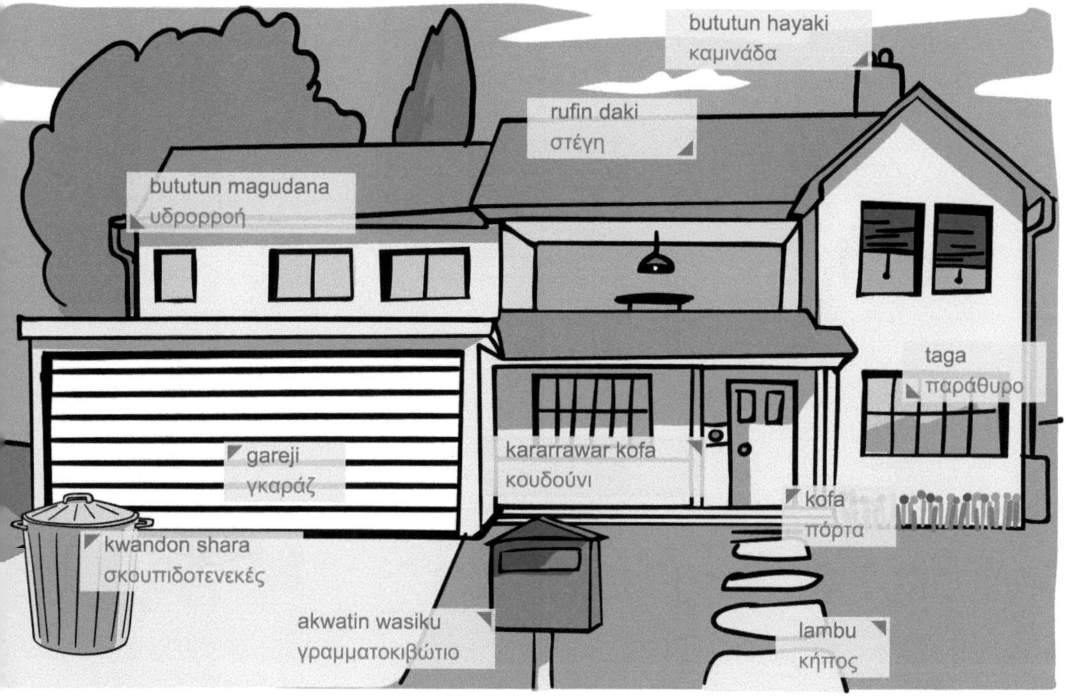

bututun hayaki
καμινάδα

rufin daki
στέγη

bututun magudana
υδρορροή

taga
παράθυρο

gareji
γκαράζ

kararrawar kofa
κουδούνι

kofa
πόρτα

kwandon shara
σκουπιδοτενεκές

akwatin wasiku
γραμματοκιβώτιο

lambu
κήπος

falo

σαλόνι

dakin wanka

μπάνιο

kicin

κουζίνα

dakin kwana

υπνοδωμάτιο

dakin yaro

παιδικό δωμάτιο

dakin cin abinci

τραπεζαρία

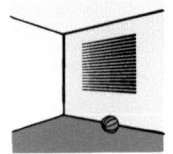

dabe

πάτωμα

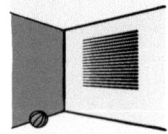

bango

τοίχος

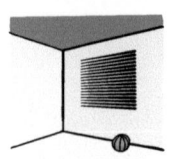

sili

οροφή

dakin karkashin kasa

κελάρι

wurin wankan dumi

σάουνα

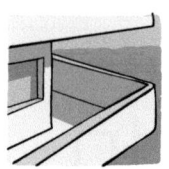

barandar bene

μπαλκόνι

baranda

βεράντα

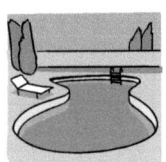

gulbin ninkaya

πισίνα

injin yanke ciyawa

μηχανή του γκαζόν

kwano

σεντόνι

zanen gado

κάλυμμα κρεβατιού

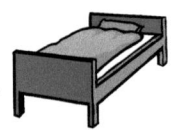

gado

κρεβάτι

tsintsiya

σκούπα

bokiti

κουβάς

makunni

διακόπτης

falo
σαλόνι

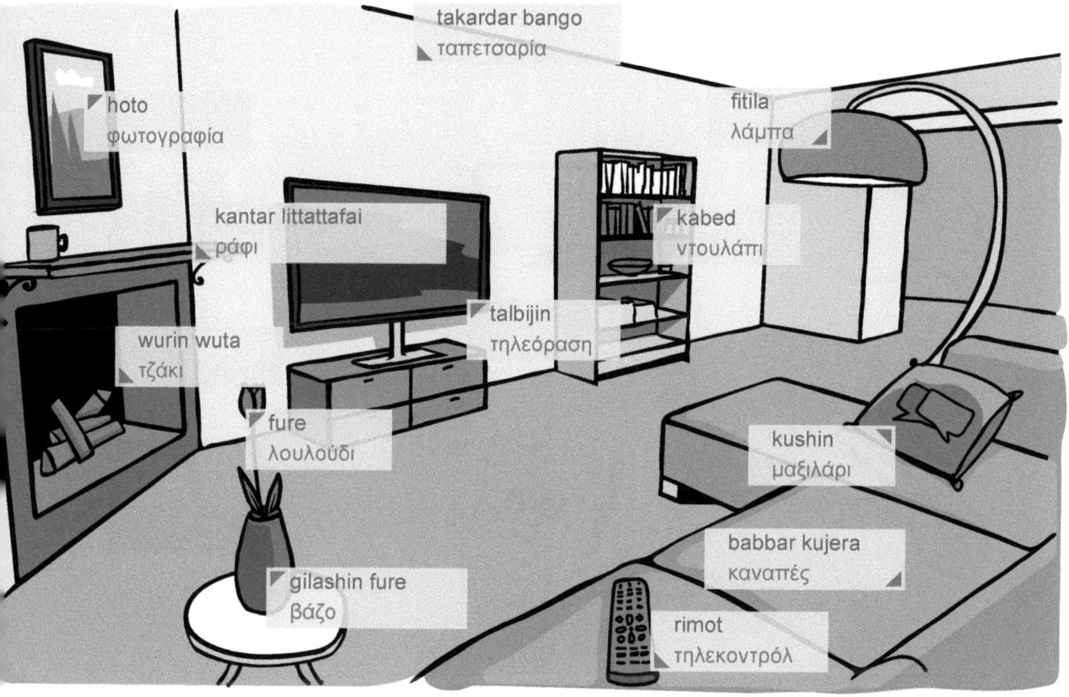

takardar bango
ταπετσαρία
hoto
φωτογραφία
fitila
λάμπα
kantar littattafai
ράφι
kabed
ντουλάπι
talbijin
τηλεόραση
wurin wuta
τζάκι
fure
λουλούδι
kushin
μαξιλάρι
babbar kujera
καναπές
gilashin fure
βάζο
rimot
τηλεκοντρόλ

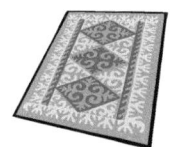

darduma
χαλί

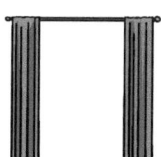

labule
κουρτίνα

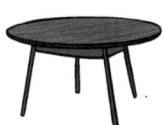

teburi
τραπέζι

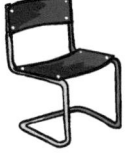

kujera
καρέκλα

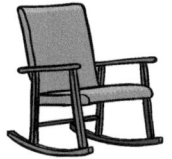

kujera mai shillo
κουνιστή πολυθρόνα

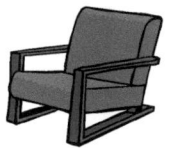

kujera mai hannu
πολυθρόνα

littafi

βιβλίο

bargo

κουβέρτα

kwalliya

διακόσμηση

itacen girki

καυσόξυλα

fim

ταινία

kayan hi-fi

στερεοφωνικό σύστημα

makulli

κλειδί

jarida

εφημερίδα

zanen fenti

πίνακας ζωγραφικής

fasta

αφίσα

rediyo

ραδιόφωνο

takardar rubutu

σημειωματάριο

na'urar share darduma

ηλεκτρική σκούπα

murtsunguwa

κάκτος

kyandir

κερί

kicin
κουζίνα

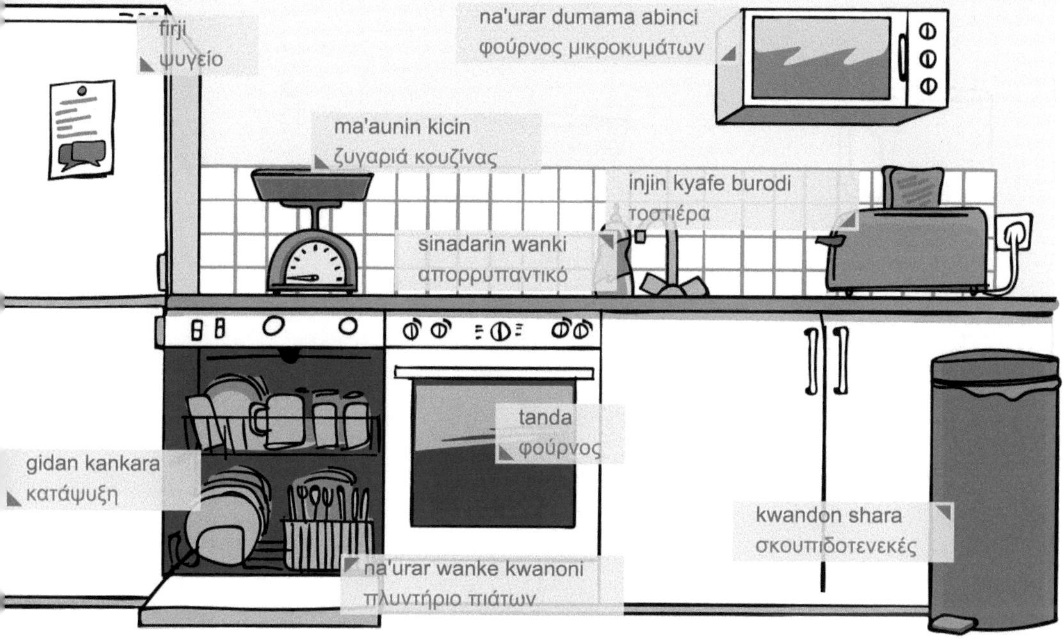

firji
ψυγείο
na'urar dumama abinci
φούρνος μικροκυμάτων
ma'aunin kicin
ζυγαριά κουζίνας
injin kyafe burodi
τοστιέρα
sinadarin wanki
απορρυπαντικό
tanda
φούρνος
gidan kankara
κατάψυξη
kwandon shara
σκουπιδοτενεκές
na'urar wanke kwanoni
πλυντήριο πιάτων

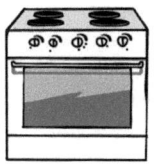

cooker
κουζίνα

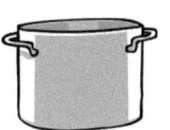

tukunya
κατσαρόλα

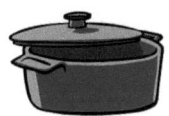

tukunyar alminiyum
μαντεμένια κατσαρόλα

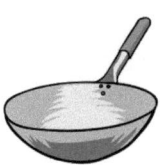

kwanon suya
γουόκ/καντάι

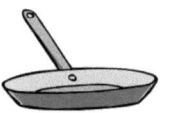

kwanan suya
τηγάνι

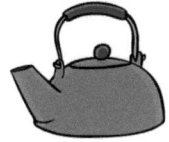

buta
βραστήρας

tukunyar dumi

ατμομάγειρας

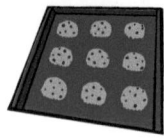

kwanan gashi

ταψί

kayan tangaran

πιατικά

tambulan

κούπα

kwano

μπολ

tsinkayen cin abinci

ξυλάκια

ludayi

κουτάλα

ludayin suya

σπάτουλα

makadin kwai

ανακατεύω

rariya

σουρωτήρι

mataci

σουρωτηράκι

na'urar nika

τρίφτης

turmi

γουδί

balangu

ψησταριά

wutar sarari

ανοιχτή φωτιά

katakon yanke-yanke

σανίδα κοπής

katakon murji

πλάστης

mabudin kwalba

ανοιχτήρι φελλών

gwangwani

κονσέρβα

mabudin gwangwani

ανοιχτήρι κονσέρβας

hannun tukunya

γάντι φούρνου

wurin wanke-wanke

νεροχύτης

burushi

βούρτσα

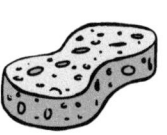

soso

σφουγγάρι

bilenda

μπλέντερ

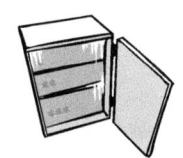

babban gidan kankara

καταψύκτης

bulumboti

μπιμπερό

famfo

βρύση

dakin wanka

μπάνιο

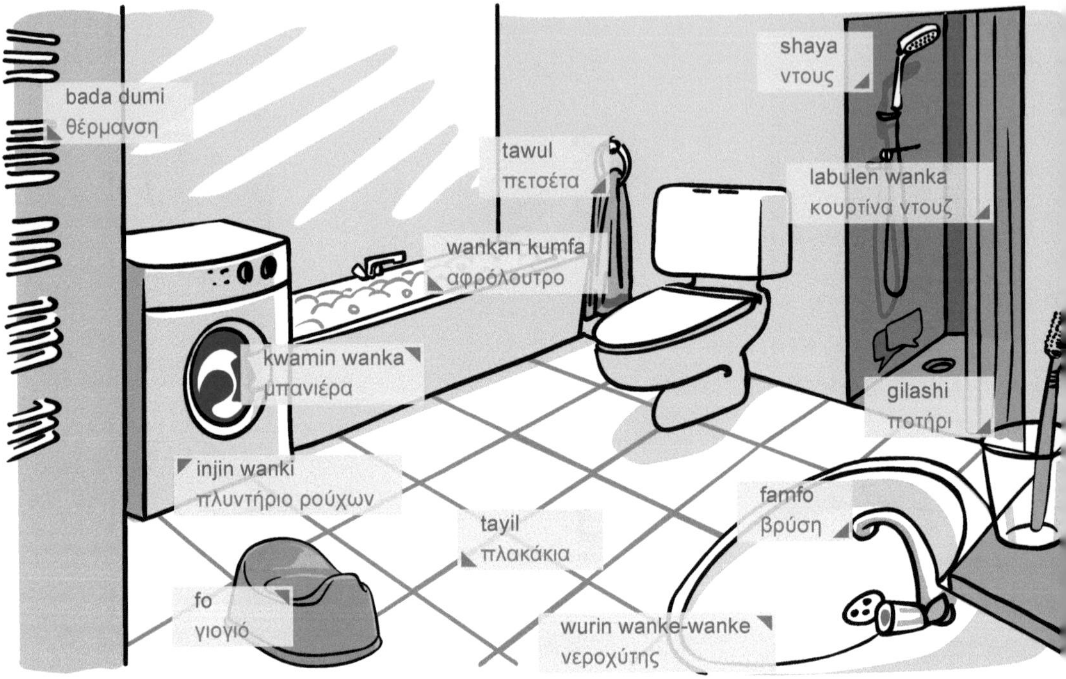

bada dumi
θέρμανση
tawul
πετσέτα
shaya
ντους
labulen wanka
κουρτίνα ντουζ
wankan kumfa
αφρόλουτρο
kwamin wanka
μπανιέρα
gilashi
ποτήρι
injin wanki
πλυντήριο ρούχων
famfo
βρύση
tayil
πλακάκια
fo
γιογιό
wurin wanke-wanke
νεροχύτης

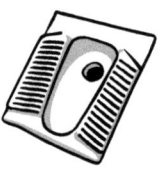

bandaki

τουαλέτα

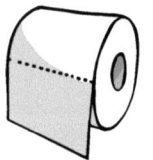

bandakin tsuguno

τούρκικη τουαλέτα

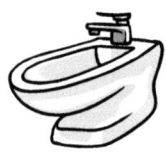

kwamin tsarki

μπιντές

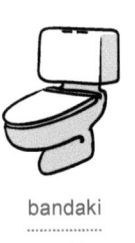

wurin fitsari

ουρητήριο

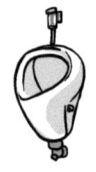

takardar bandaki

χαρτί υγείας

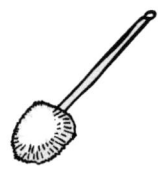

burushin bandaki

πιγκάλ

burushin hakori

οδοντόβουρτσα

man hakori

οδοντόκρεμα

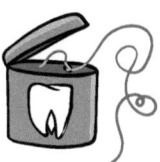

zaren sakace

οδοντικό νήμα

wanke

πλένω

shayar hannu

τηλέφωνο ντους

wankin farji

ντουσιέρα

kwamin wanke hannu

λεκάνη

burushin wanke baya

βούρτσα πλάτης

sabulu

σαπούνι

ruwan sabulun wanka

αφρόλουτρο

man gyaran gashi

σαμπουάν

tsumman wanka

φανέλα

lambatu

σιφόνι

kirim

κρέμα

turaren kamshi

αποσμητικό

madubi

καθρέφτης

madubin hannu

καθρέφτης χειρός

reza

ξυραφάκι

man yaran fuska

αφρός ξυρίσματος

man aski

αφτερσέιβ

mataji

χτένα

burushi

βούρτσα

na'urar busar da gashi

σεσουάρ

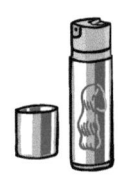

man gashi

λακ

kwalliya

μακιγιάζ

jan-baki

κραγιόν

man farce

βερνίκι νυχιών

audugar goge kunne

βαμβάκι

almakashin yankan farce

ψαλίδι νυχιών

turare

άρωμα

jakar wanka

νεσεσέρ

bahaya

σκαμπό

ma'aunin nauyi

ζυγαριά

rigar wanka

μπουρνούζι

safar roba

ελαστικά γάντια

audugar haila

ταμπόν

audugar mata

πετσέτα υγιεινής

bandakin tafi-da-gidanka

χημική τουαλέτα

dakin yaro
παιδικό δωμάτιο

agogo mai kararrawa
ξυπνητήρι
yartsanar tsumma
λούτρινο ζωάκι
motar wasan yara
αυτοκινητάκι
kara
κουδουνίστρα
gidan 'yartsana
κουκλόσπιτο
kyauta
δώρο

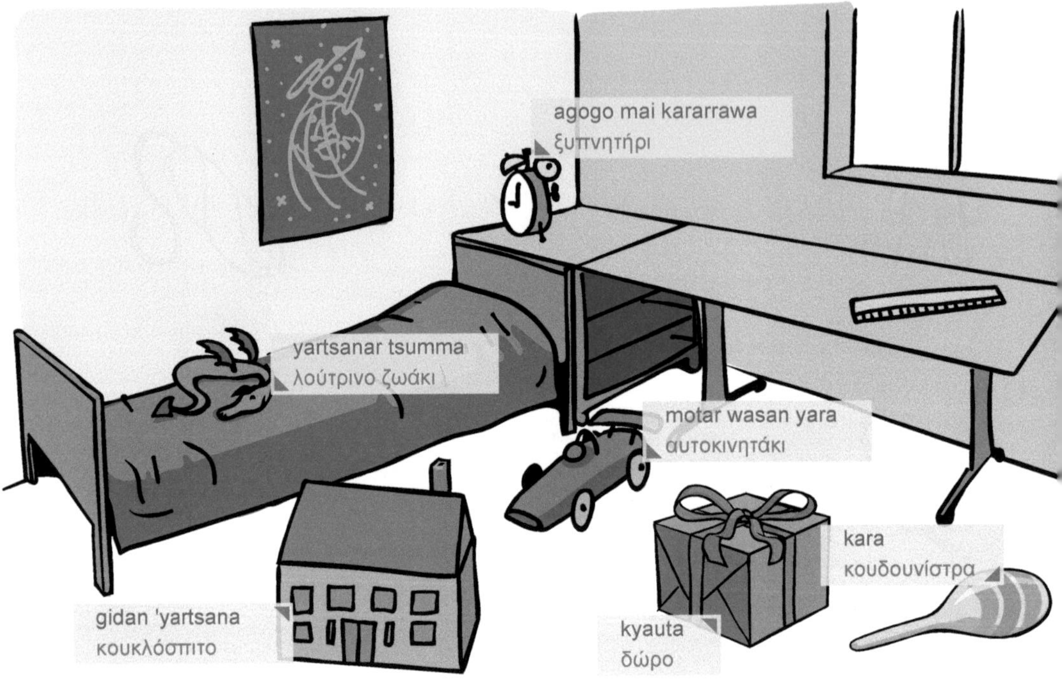

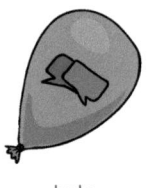

balo

μπαλόνι

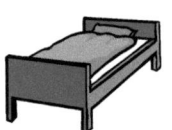

gado

κρεβάτι

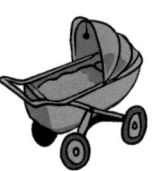

keken jarirai

καροτσάκι

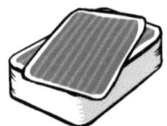

benen kwalaye

τράπουλα

wasa kwakwalwa

παζλ

SUPER MEGA

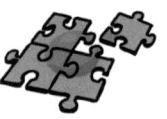

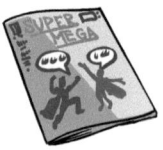

ban dariya

κόμικς

tubalan roba

τουβλάκια lego

tubalan gini

τουβλάκια κατασκευών

mutum-mai-aiki

φιγούρα δράσης

rigar jariri

βρεφικό φορμάκι

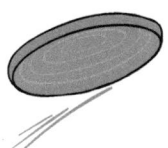

Dokin iska

φρίσμπι

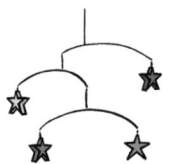

tafi-da-gidanka

μόμπιλο

wasan dara

επιτραπέζιο παιχνίδι

dan ludo

ζάρια

zubin kwatancin jirgin kasa

σετ τρενάκι

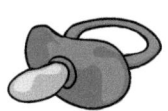

mutum-mutumi

πιπίλα

walima

πάρτι

littafi mai hotuna

εικονογραφημένο βιβλίο

kwallo

μπάλα

yartsana

κούκλα

yi wasa

παίζω

akwatin yashi

σκάμμα με άμμο

lilo

κούνια

kayan wasan yara

παιχνίδια

allon wasannin bidiyo

κονσόλα βιντεοπαιχνιδιών

babur mai taya uku

τρίκυκλο

yartsanar tsumma

αρκουδάκι

wadirob

ντουλάπα

tufafi

ρούχα

safa

κάλτσες

sitokins

καλτσοδέτες

matse-jiki

καλσόν

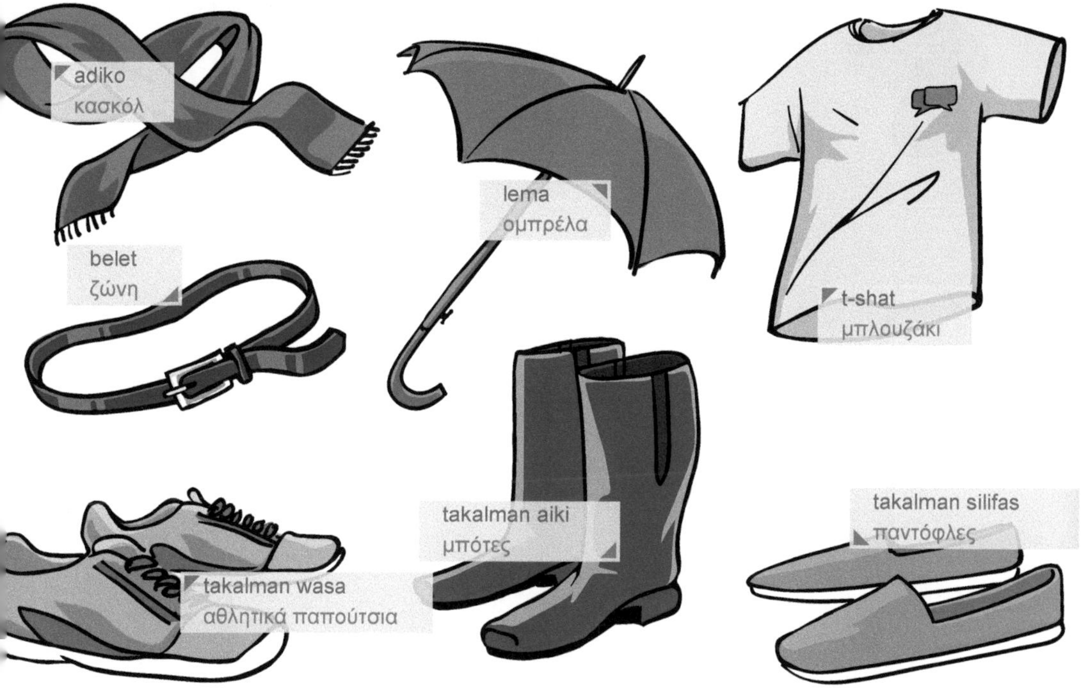

adiko
κασκόλ

lema
ομπρέλα

belet
ζώνη

t-shat
μπλουζάκι

takalman wasa
αθλητικά παπούτσια

takalman aiki
μπότες

takalman silifas
παντόφλες

takalman sandal
σανδάλια

takalma
παπούτσια

takalman roba
γαλότσες

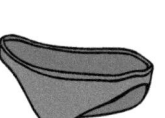

kamfai
εσώρουχο

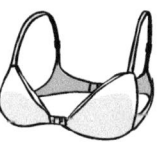

rigar nono
σουτιέν

falmaran
φανέλα

jiki

σώμα

wando

παντελόνι

jeans

τζιν παντελόνι

dantofi

φούστα

rigar mata

μπλούζα

karamar riga

πουκάμισο

riga mai hula

πουλόβερ

hular riga

πουλόβερ

bileza

σακάκι

jaket

μπουφάν

kwat

παλτό

rigar ruwa

αδιάβροχο πανωφόρι

kayan yayi

κοστούμι

kayan sawa

φόρεμα

rigar aure

νυφικό

kwat da wando

κοστούμι

rigar dare

νυχτικό

kayan barci

πιτζάμες

sari

σάρι

dankwali

μαντήλι

rawani

τουρμπάνι

hijabi

μπούρκα

kaftani

καφτάνι

abaya

μουσουλμανικό ένδυμα

rigar iyo

ολόσωμο μαγιό

wandon wasa

ανδρικό μαγιό

gajeran wando

σορτς

kayan wasanni

αθλητική φόρμα

kyallen aiki

ποδιά

safar hannu

γάντια

maballi

κουμπί

tabarau

γυαλιά

awarwaro

βραχιόλι

tsakiya

περιδέραιο

zobe

δαχτυλίδι

dan kunne

σκουλαρίκι

hula

καπέλο

maratayin kwat

κρεμάστρα

malafa

καπέλο

lakataya

γραβάτα

zi

φερμουάρ

hular kwano

κράνος

masu daidaita hakori

τιράντες

kayan makaranta

μαθητική στολή

yunifom

στολή

kyallen cin abincin jariri

....

σαλιάρα

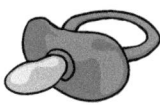

mutum-mutumi

....

πιπίλα

kunzugu

....

πάνα

ofis
γραφείο

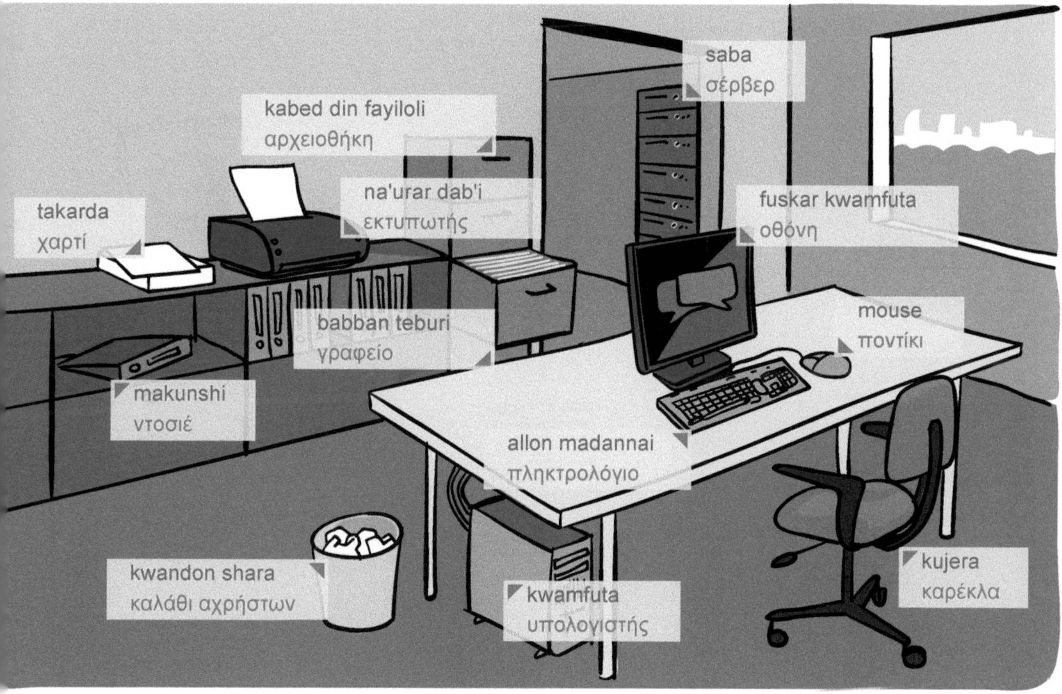

saba
σέρβερ

kabed din fayiloli
αρχειοθήκη

na'urar dab'i
εκτυπωτής

fuskar kwamfuta
οθόνη

takarda
χαρτί

babban teburi
γραφείο

mouse
ποντίκι

makunshi
ντοσιέ

allon madannai
πληκτρολόγιο

kwandon shara
καλάθι αχρήστων

kwamfuta
υπολογιστής

kujera
καρέκλα

tambulan kofi

....

κούπα του καφέ

kwakuleta

....

κομπιουτεράκι

intanet

....

ίντερνετ

laptop

λάπτοπ

wasika

γράμμα

sako

μήνυμα

tafi-da-gidanka

κινητό

sadarwa

δίκτυο

na'urar hoton takarda

φωτοτυπικό μηχάνημα

kwakwalwar kwamfuta

λογισμικό

tarho

τηλέφωνο

jona soket

πρίζα

na'urar faks

συσκευή φαξ

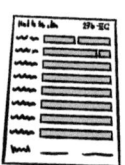

fom

έντυπο

daftari

έγγραφο

sayi
αγοράζω

biya
πληρώνω

yi ciniki
συναλλάσσομαι

kudi
χρήματα

dala
δολάριο

euro
ευρώ

yen
γιεν

robul
ρούβλι

franc na Swiss
ελβετικό φράγκο

renminbi yuan
ρενμίνμπι γιουάν

rupee
ρουπία

injin bada kudi
ATM (αυτόματη ταμειακή μηχανή)

gidan canjin kudi

ανταλλακτήρια
συναλλάγματος

zinare

χρυσός

azurfa

ασήμι

mai

πετρέλαιο

makamashi

ενέργεια

farashi

τιμή

matuntuba

συμβόλαιο

haraji

φόρος

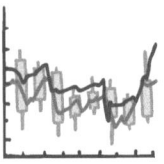

kaya

μετοχή

yi aiki

δουλεύω

ma'aikaci

υπάλληλος

mai daukar ma'aikata

εργοδότης

masana'anta

εργοστάσιο

kanti

κατάστημα

jami'in dansanda
αστυνόμος

ma'aikaci kashe gobara
πυροσβέστης

kuku
μάγειρας

likita
γιατρός

direban jirgin sama
πιλότος

mai aikin lambu

κηπουρός

kafinta

ξυλουργός

mace mai dinki

μοδίστρα

alkali

δικαστής

mai hada magunguna

χημικός

jarumi

ηθοποιός

direban bas

οδηγός λεωφορείου

direban tasi

ταξιτζής

masunci

ψαράς

mace mai shara

καθαρίστρια

mai aikin rufi

τεχνίτης στεγών

sabis

σερβιτόρος

mafarauci

κυνηγός

mai fenti

ζωγράφος

mai yin burodi

αρτοποιός

mai gyaran lantarki

ηλεκτρολόγος

magini

οικοδόμος

injiniya

μηχανολόγος

mahauci

κρεοπώλης

mai gyaran famfo

υδραυλικός

mai raba wasiku

ταχυδρόμος

soja

στρατιώτης

mai zayyanar gidaje

αρχιτέκτονας

mai biyan kudi

ταμίας

mai sayar da furanni

ανθοπώλης

mai gyaran gashi

κομμωτής

mai kida

ελεγκτής εισιτηρίων

bakanike

μηχανικός

kyaftin

καπετάνιος

likitan hakori

οδοντίατρος

masanin kimiyya

επιστήμονας

limamin yahudu

ραβίνος

liman

ιμάμης

mai ibadar kirista

μοναχός

malamin addini

ιερέας

kayan aiki
εργαλεία

guduma
σφυρί
filaya
πένσα
sikundireba
κατσαβίδι
sifana
Γαλλικό κλειδί
cocilan
φακός

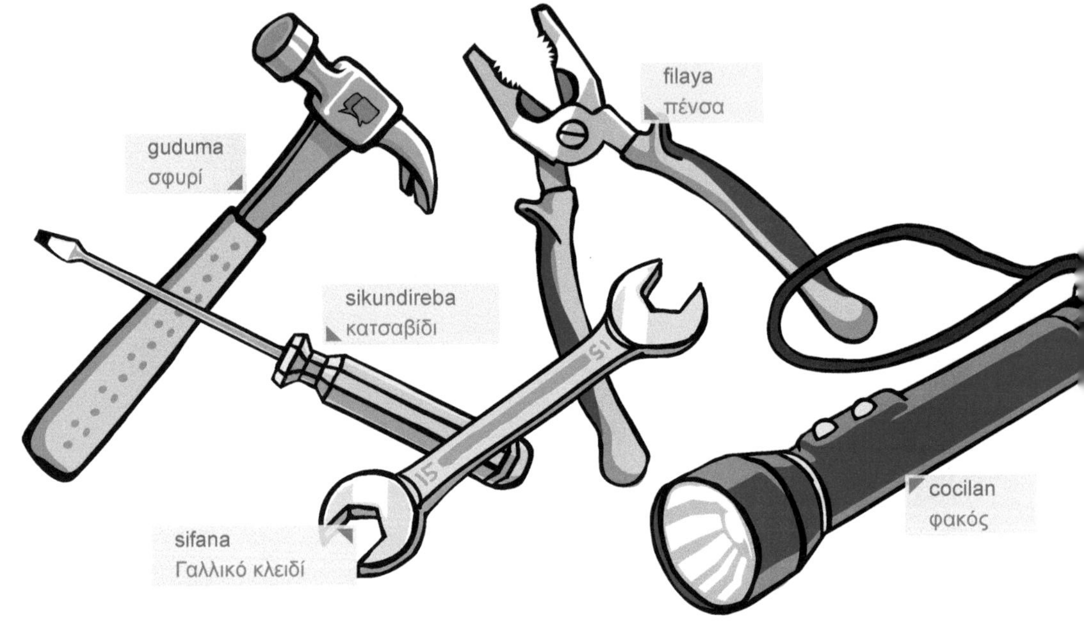

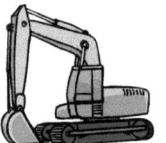

diga

εκσκαφέας

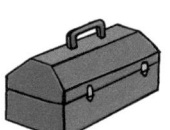

akwatin kayan aiki

εργαλειοθήκη

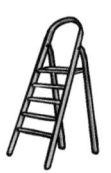

tsani

σκάλα

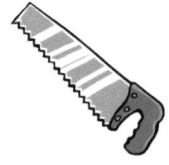

zarto

πριόνι

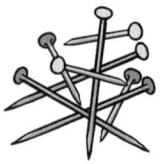

kusoshi

καρφιά

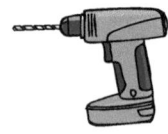

abin hudawa

τρυπάνι

gyara

επισκευάζω

chebur

φτυάρι

Tafdi!

Να πάρει!

makwashin shara

φαράσι

tukunyar fenti

δοχείο χρωμάτων

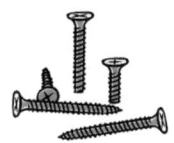

kusoshi masu barima

βίδες

kayan kida
μουσικά όργανα

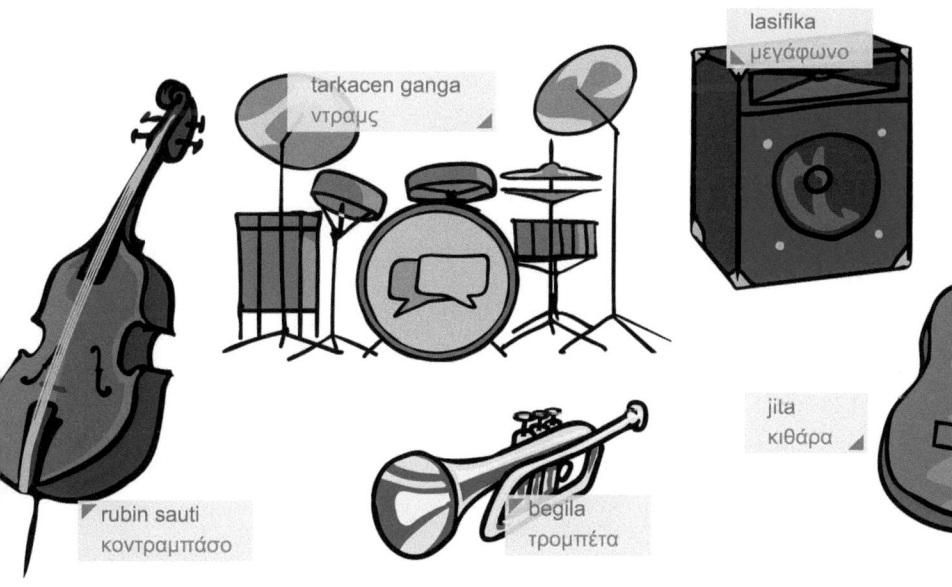

tarkacen ganga
ντραμς

lasifika
μεγάφωνο

rubin sauti
κοντραμπάσο

begila
τρομπέτα

jila
κιθάρα

fiyano

πιάνο

goge

βιολί

karamin sauti

μπάσο

gangunan timpani

τύμπανα

ganguna

τύμπανο

masarrafin fiyano

πλήκτρα

saxophone

σαξόφωνο

sarewa

φλάουτο

makirfo

μικρόφωνο

gidan namun daji
ζωολογικός κήπος

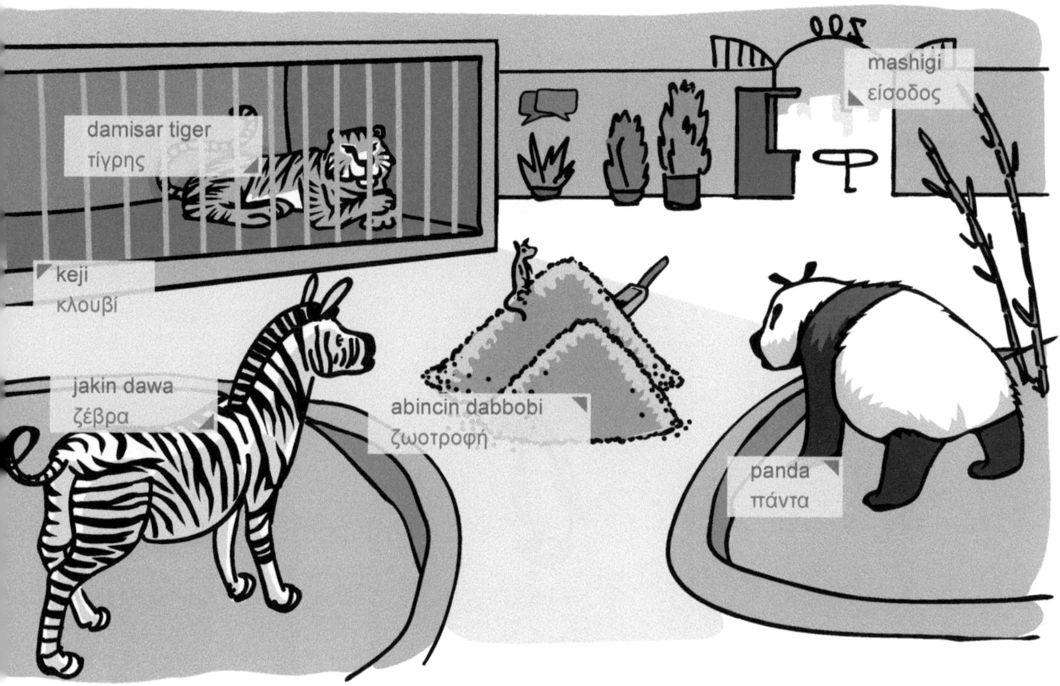

mashigi
είσοδος
damisar tiger
τίγρης
keji
κλουβί
jakin dawa
ζέβρα
abincin dabbobi
ζωοτροφή
panda
πάντα

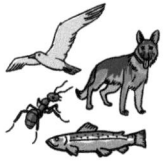

dabbobi

ζώα

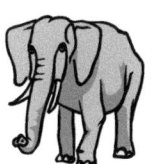

giwa

ελέφαντας

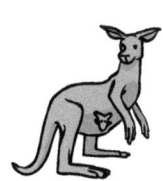

babba-da-jaka

καγκουρό

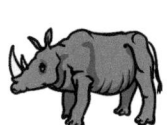

karkanda

ρινόκερος

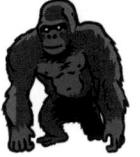

goggon biri

γορίλας

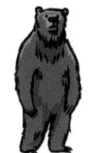

dabbar bear

αρκούδα

rakumi

καμήλα

jimina

στρουθοκάμηλος

zaki

λιοντάρι

biri

πίθηκος

dinya

φλαμίνγκο

aku

παπαγάλος

bear ta yankin kankara

πολική αρκούδα

penguin

πιγκουίνος

kifin shark

καρχαρίας

dawisu

παγώνι

maciji

φίδι

kada

κροκόδειλος

mai tsaro zu

φύλακας ζωολογικού κήπου

seal

φώκια

damisar jaguar

τζάγκουαρ

dukushi

πόνυ

damisar leopard

λεοπάρδαλη

mugun dawa

ιπποπόταμος

rakumin dawa

καμηλοπάρδαλη

mikiya

αετός

aladen daji

αγριογούρουνο

kifi

ψάρι

kunkuru

χελώνα

walrus

θαλάσσιος ίππος

dila

αλεπού

barewa

γαζέλα

kwallon kafar Amurka
Αμερικάνικο ποδόσφαιρο

tseren keke
ποδηλασία

wasan tennis
αντισφαίριση

kwallon kwando
μπάσκετ

ninkaya
κολύμβηση

kwallon gora na cikin ka
χόκεϋ επί πάγου

dambe
πυγχαμία

kwallon kafa

ποδόσφαιρο

badiminton

μπάντμιντον

wasannin motsa jiki

στίβος

kwallon hannu

χάντμπολ

wasan kan kankara

σκι

kwallon dawaki

πόλο

yi dariya
γελάω

yi tsalle
πηδάω

rungumi
αγκαλιάζω

yi tattaki
περπατάω

rera waka
τραγουδάω

mafarki
ονειρεύομαι

yi addu'a
προσεύχομαι

sumbaci
φιλάω

rubuta
γράφω

zana
σχεδιάζω

nuna
δείχνω

tura
πιέζω

bayar
δίνω

dauki
παίρνω

sami

έχω

yi

κάνω

kasance

είμαι

tsaya

στέκομαι

gudu

τρέχω

jawo

τραβάω

jefa

ρίχνω

faduwa

πέφτω

yi karya

ξαπλώνω

jira

περιμένω

dauki

κουβαλώ

zauna

κάθομαι

sanya tufafi

φοράω

yi barci

κοιμάμαι

farka

ξυπνάω

kalli

κοιτάω

kuka

κλαίω

bugi

χαϊδεύω

taje

χτενίζω

yi magana

μιλάω

fahimci

καταλαβαίνω

tambayi

ρωτάω

saurari

ακούω

sha

πίνω

ci

τρώω

tattare

συγυρίζω

yi soyayya

αγαπάω

dafa

μαγειρεύω

yi tuki

οδηγώ

tashi

πετάω

tafi a kwalekwale

κάνω ιστιοπλοΐα

kwakuleta

υπολογίζω

karanta

διαβάζω

koyi

μαθαίνω

yi aiki

δουλεύω

yi aure

παντρεύομαι

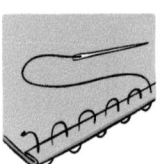

dinka

ράβω

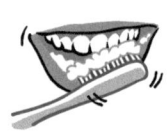

goge hakora

βουρτσίζω τα δόντια

kashe

σκοτώνω

busa taba

καπνίζω

aika

στέλνω

iyali
οικογένεια

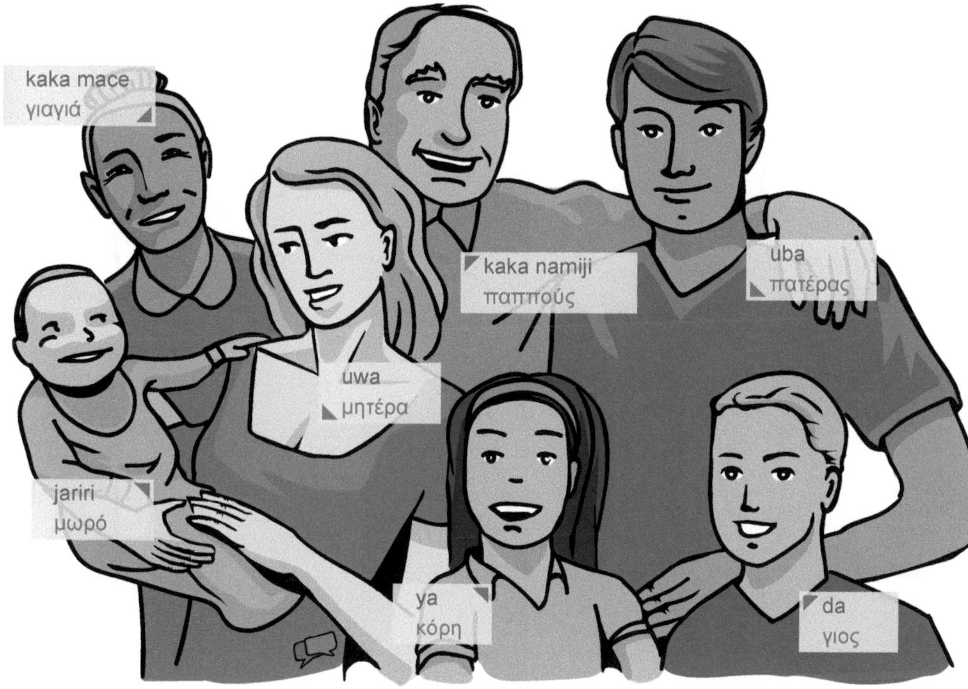

kaka mace
γιαγιά
kaka namiji
παππούς
uba
πατέρας
uwa
μητέρα
jariri
μωρό
ya
κόρη
da
γιος

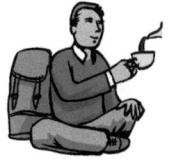

bako

καλεσμένος

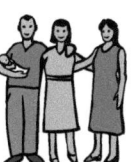

gwaggo

θεία

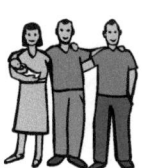

kawu

θείος

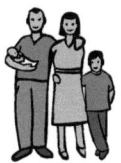

dan'uwa

αδελφός

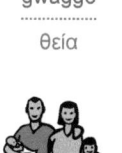

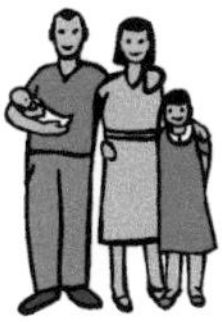

yar'uwa

αδελφή

jiki

σώμα

goshi
μέτωπο
ido
μάτι
kafada
ώμος
yatsa
δάχτυλο
fuska
πρόσωπο
ha'ba
πιγούνι
hannu
χέρι
kafa
πόδι
nono
στήθος
damtse
βραχίονας

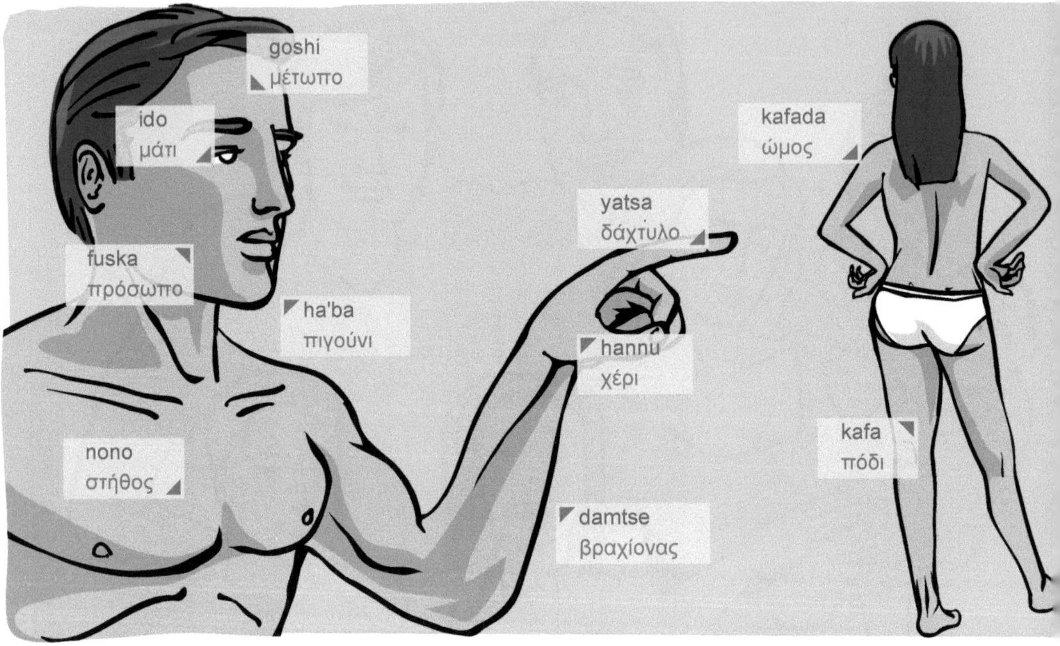

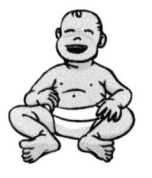

jariri

μωρό

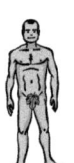

mutum

άνδρας

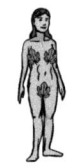

mace

γυναίκα

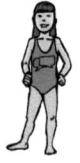

yarinya

κορίτσι

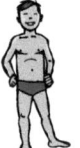

yaro

αγόρι

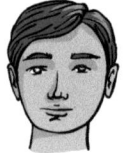

kai

κεφάλι

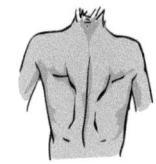

baya

πλάτη

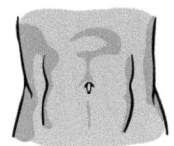

tulun ciki

κοιλιά

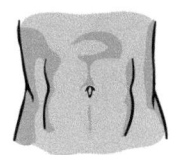

maballin ciki

αφαλός

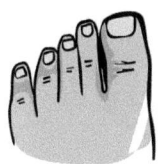

yatsan kafa

δάχτυλο ποδιού

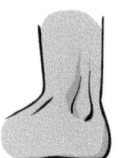

dudduge

φτέρνα

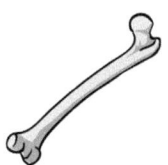

kashi

κόκκαλο

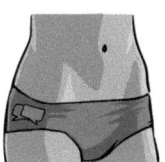

kugu

γοφός

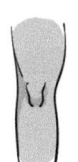

guiwa

γόνατο

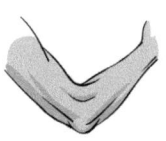

guiwar hannu

αγκώνας

hanci

μύτη

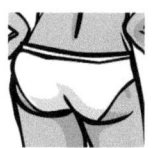

kasa

γλουτός

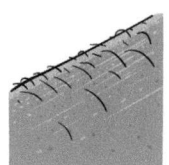

fata

δέρμα

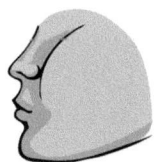

kumatu

μάγουλο

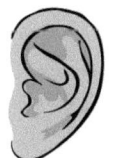

kunne

αυτί

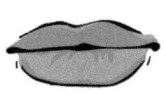

lebe

χείλος

jiki - σώμα

wata

στόμα

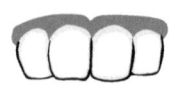

hakori

δόντι

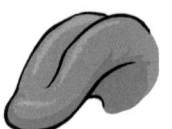

harshe

γλώσσα

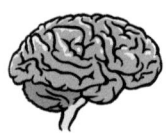

kwakwalwa

εγκέφαλος

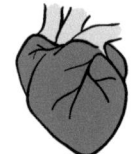

zuciya

καρδιά

kwanji

μυς

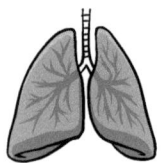

huhu

πνεύμονας

hanta

συκώτι

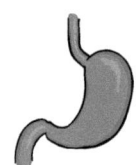

ciki

στομάχι

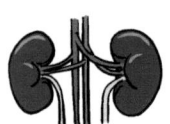

koda

νεφρά

jima'i

σεξουαλική επαφή

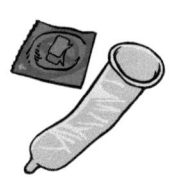

kwaroron roba

προφυλακτικό

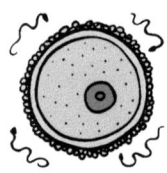

kwan mahaifa

ωάριο

maniyyi

σπέρμα

juna-biyu

εγκυμοσύνη

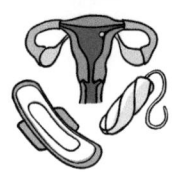

haila

περίοδος

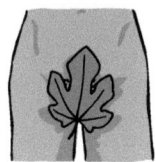

farji

γυναικείος κόλπος

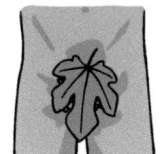

zakari

πέος

gira

φρύδι

gashi

μαλλιά

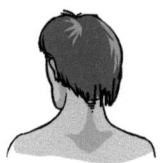

wuya

λαιμός

asibiti

νοσοκομείο

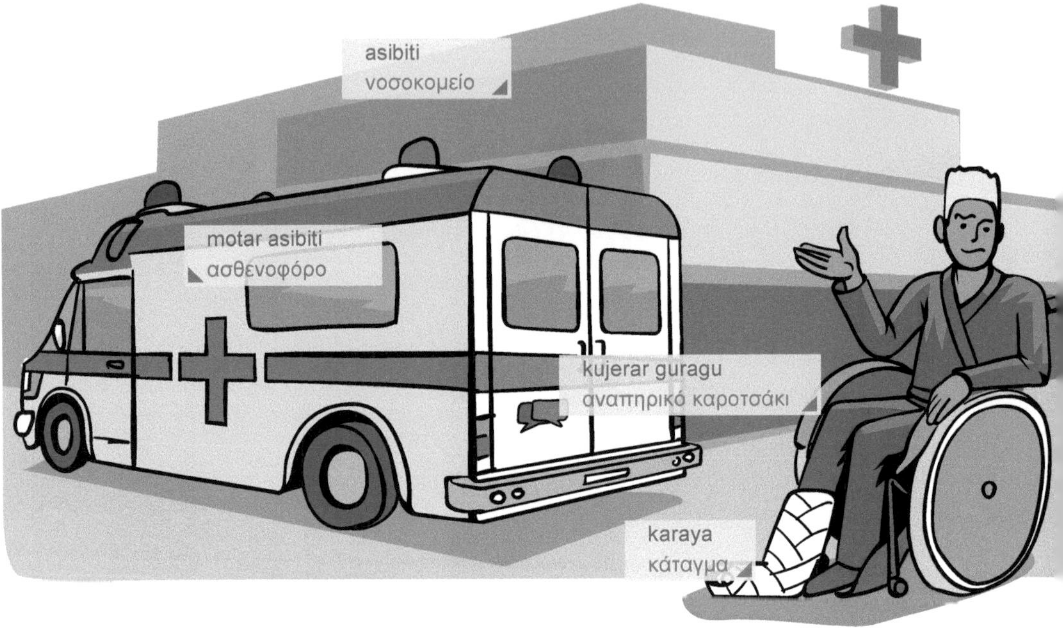

asibiti
νοσοκομείο
motar asibiti
ασθενοφόρο
kujerar guragu
αναπηρικό καροτσάκι
karaya
κάταγμα

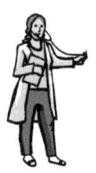

likita

γιατρός

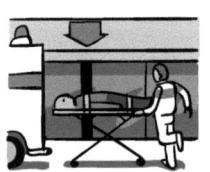

dakin kulawar gaggawa

μονάδα εντατικής θεραπείας

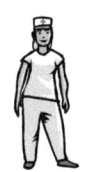

ma'aikaciyar jinya

νοσοκόμα

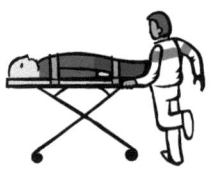

na gaggawa

έκτακτη ανάγκη

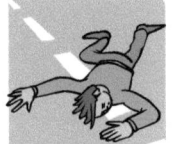

magashiyyan

λιπόθυμος

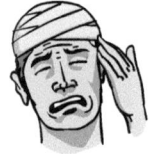

radadi

πόνος

rauni

τραύμα

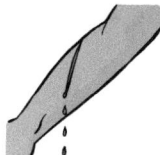

zubar jini

αιμορραγία

bugun zuciya

έμφραγμα

bugun jini

εγκεφαλικό

kyan-jiki

αλλεργία

tari

βήχας

zazzabi

πυρετός

mura

γρίπη

gudawa

διάρροια

ciwon kai

πονοκέφαλος

cutar sankara

καρκίνος

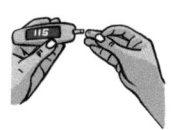

ciwon suga

διαβήτης

likitan tiyata

χειρουργός

wukar likita

νυστέρι

tiyata

εγχείρηση

CT

αξονική τομογραφία

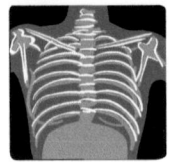

hoton kirji

ακτινογραφία

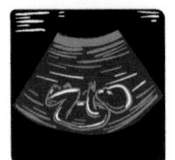

hoton ciki

υπέρηχος

marufin fuska

μάσκα

cuta

ασθένεια

dakin jira

αίθουσα αναμονής

madogari

πατερίτσα

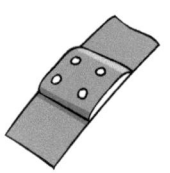

filasta

χάνσαπλαστ

bandeji

επίδεσμος

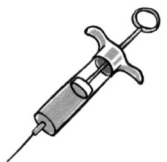

allura

ένεση

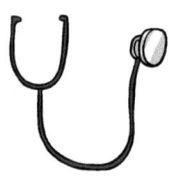

na'urar awon zuciya

στηθοσκόπιο

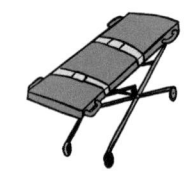

gadon daukar marar lafiya

φορείο

na'urar auna zafin jiki

θερμόμετρο

haihuwa

γέννηση

yawan nauyi

υπέρβαρο

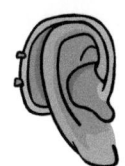

abin kara ji

ακουστικό βαρηκοΐας

sinadarin kashe kwayoyin cuta

αντισηπτικό

kamuwar cuta

λοίμωξη

kwayar cuta

ιός

Cutar Kanjamau

HIV/AIDS

magani

φάρμακο

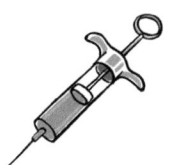

riga-kafi

εμβολιασμός

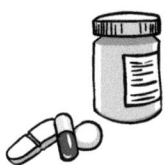

kwayoyin magani

δισκία

magani

χάπι

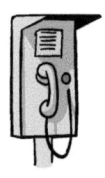

kiran gaggawa

λήση έκτακτης ανάγκης

ma'aunin hawan jini

πιεσόμετρο αίματος

cuta / lafiya

άρρωστος / υγιής

Taimako!	kararrawa	farmaki
Βοήθεια!	συναγερμός	βιαιοπραγία

hari	hatsari	kofar ko-takwana
επίθεση	κίνδυνος	έξοδος κινδύνου

Wuta!	abin kashe wuta	hadari
Φωτιά!	πυροσβεστήρας	ατύχημα

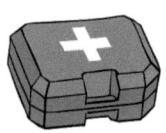kayan taimakon gaggawa	Neman taimako	dansanda
κουτί πρώτων βοηθειών	SOS	αστυνομία

Turai

Ευρώπη

Amurka ta Arewa

Βόρεια Αμερική

Amurka ta Kudu

Νότια Αμερική

Afirka

Αφρική

Asiya

Ασία

Australia

Αυστραλία

Atlantika

Ατλαντικός Ωκεανός

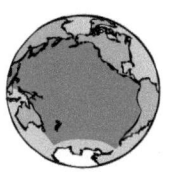

Pacific

Ειρηνικός Ωκεανός

Tekun Indiya

Ινδικός Ωκεανός

Tekun Antatika

Ανταρκτικός Ωκεανός

Tekun Arctic

Αρκτικός Ωκεανός

Barin duniya na Arewa

Βόρειος Πόλος

Barin duniya na Kudu

Νότιος Πόλος

Antatika

Ανταρκτική

Kasa

Γη

tsandauri

γη

kogi

θάλασσα

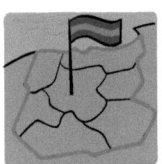

tsibiri

νησί

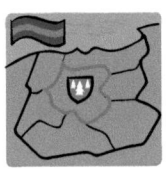

kasa

έθνος

jiha

πολιτεία

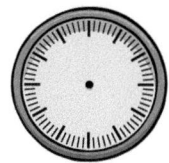

fuskar agogo

καντράν ρολογιού

hannun awa

ωροδείκτης

hannun mintuna

λεπτοδείκτης

hannun dakika

δείκτης δευτερολέπτων

Karfe nawa yanzu?

Τι ώρα είναι;

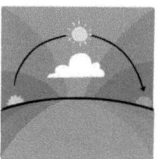

rana

ημέρα

lokaci

χρόνος

yanzu

τώρα

agogon dijita

ψηφιακό ρολόι

minti

λεπτό

awa

ώρα

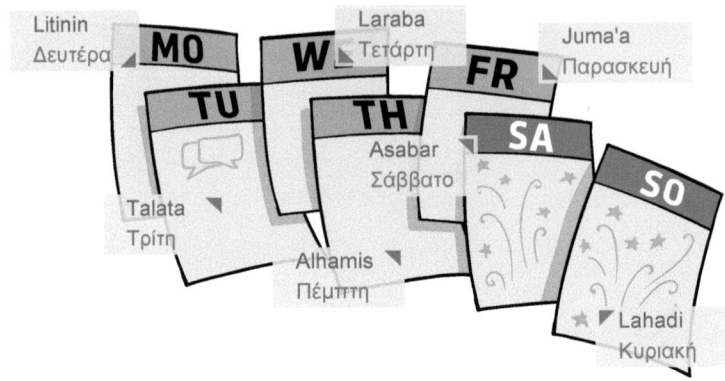

Litinin
Δευτέρα

Talata
Τρίτη

Laraba
Τετάρτη

Alhamis
Πέμπτη

Asabar
Σάββατο

Juma'a
Παρασκευή

Lahadi
Κυριακή

jiya

χθες

yau

σήμερα

gobe

αύριο

safiya

πρωί

tsakar rana

μεσημέρι

yamma

βράδυ

ranakun kasuwanci

εργάσιμες ημέρες

karshen mako

Σαββατοκύριακο

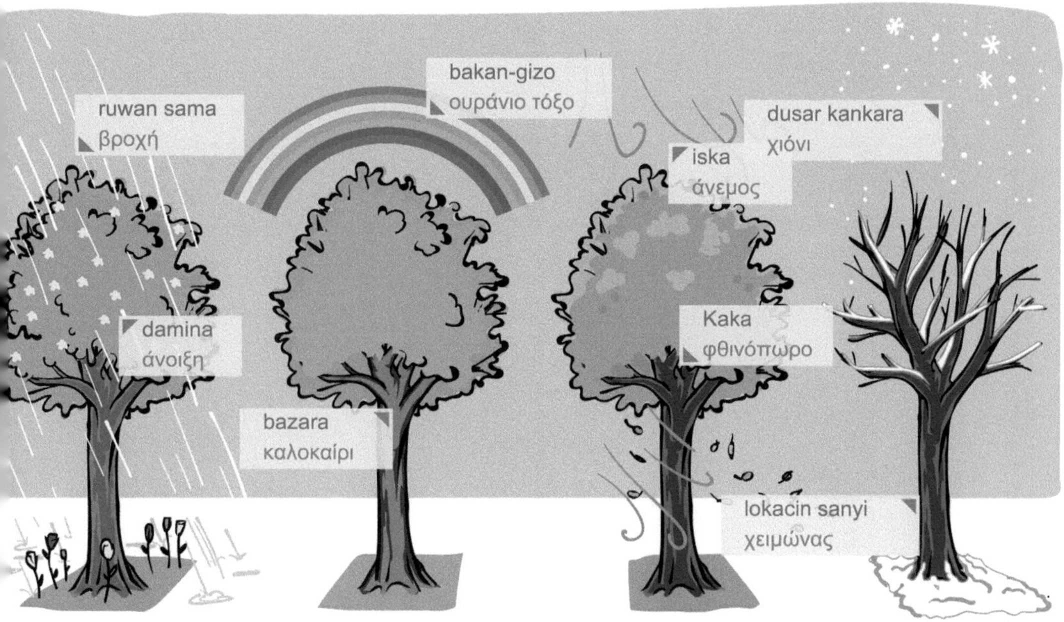

ruwan sama
βροχή
bakan-gizo
ουράνιο τόξο
dusar kankara
χιόνι
iska
άνεμος
damina
άνοιξη
Kaka
φθινόπωρο
bazara
καλοκαίρι
lokacin sanyi
χειμώνας

4.APRIL 11°
5.APRIL 4°
6.APRIL 13°
7.APRIL 8°
8.APRIL 10°

hasashen yanayi

πρόγνωση καιρού

F
C
120
90
60
30
0
-30
40
30
20
10
0
-10
-20

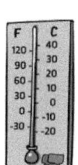

na'urar gwajin zafi da sanyi

θερμόμετρο

hasken rana

λιακάδα

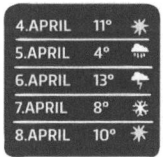

gajimare

σύννεφο

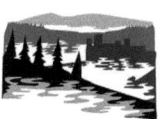

hazo

ομίχλη

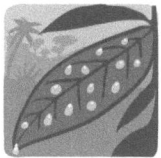

dumi

υγρασία

walkiya

αστραπή

aradu

κεραυνός

guguwa

καταιγίδα

kankarar ruwan sama

χαλάζι

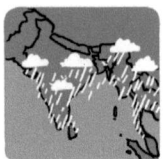

iskar bazara

μουσώνας

ambaliyar ruwa

πλημμύρα

kankara

πάγος

Janairu

Ιανουάριος

Fabarairu

Φεβρουάριος

Maris

Μάρτιος

Afirilu

Απρίλιος

Mayu

Μάιος

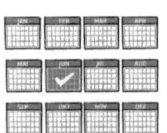

Yuni

Ιούνιος

Yuli

Ιούλιος

Agusta

Αύγουστος

shekara - έτος

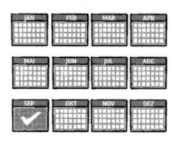

Satumba

Σεπτέμβριος

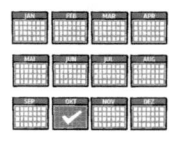

Oktoba

Οκτώβριος

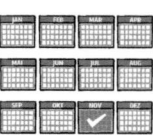

Nuwamba

Νοέμβριος

Disamba

Δεκέμβριος

siffofi
σχήματα

da'ira

κύκλος

murabba'i

τετράγωνο

kusurwa hudu

ορθογώνιο
παραλληλόγραμμο

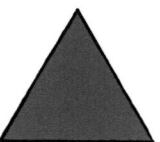

kusurwa uku

τρίγωνο

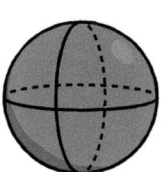

mulmulalle

σφαίρα

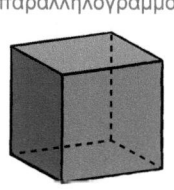

dunkule

κύβος

fari

άσπρο

rawaya

κίτρινο

ruwan lemo

πορτοκαλί

ruwan shanshanbali

ροζ

ja

κόκκινο

garura

μωβ

shudi

μπλε

kore

πράσινο

ruwan kasa

καφέ

ruwan toka

γκρι

baki

μαύρο

da yawa / kadan

πολύ / λίγο

fushi / nutsuwa

θυμωμένος / ήρεμος

kyakkyawa / mummuna

όμορφος / άσχημος

farko / karshe

αρχή / τέλος

babba / karami

μεγάλος / μικρός

mai haske / mai duhu

φωτεινός / σκοτεινός

dan uwa / 'yar uwa

αδελφός / αδελφή

mai tsafta / kazami

καθαρός / λερωμένος

cikakke / maras cika

πλήρης / ατελής

rana / dare

ημέρα / νύχτα

matacce / mai rai

νεκρός / ζωντανός

mai fadi / matsattse

φαρδύς / στενός

na ci / ba na ci ba

βρώσιμος / μη βρώσιμος

mugu / mai tausayi

κακός / ευγενικός

mai karsashi / gajiyayye

ενθουσιασμένος / βαριεστημένος

kakkaura / siriri

παχύς / λεπτός

na farko / na karshe

πρώτος / τελευταίος

aboki / makiyi

φίλος / εχθρός

cikakke / holoko

γεμάτος / άδειος

mai tauri / mai laushi

σκληρός / μαλακός

mai nauyi / marar nauyi

βαρύς / ελαφρύς

yunwa / kishin ruwa

πείνα / δίψα

cuta / lafiya

άρρωστος / υγιής

haramtacce / halastacce

παράνομος / νόμιμος

mai basira / dakiki

έξυπνος / χαζός

hagu / dama

αριστερός / δεξιός

kusa / nesa

κοντινός / μακρινός

sabo / na-hannu

καινούριος / μεταχειρισμένος

ba komai / wani abu

τίποτα / κάτι

tsoho / yaro

γέρος | νέος

kunna / kashe

αναμμένος / σβηστός

a bude / a rufe

ανοιχτός / κλειστός

shiru / kara

χαμηλόφωνος / μεγαλόφωνος

mai arziki / talaka

πλούσιος / φτωχός

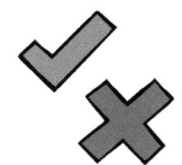

daidai / bata

σωστός / λανθασμένος

mai kaushi / mai santsi

τραχύς / λείος

bakin ciki / farin ciki

υπημένος / χαρούμενος

gajere / dogo

κοντός / μακρύς

a sannu / da sauri

αργός / γρήγορος

jikakke / busasshe

υγρός / στεγνός

dumi / sanyi

ζεστός / δροσερός

yaki / zaman lafiya

πόλεμος / ειρήνη

0

sifili

μηδέν

1

daya

ένα

2

biyu

δύο

3

uku

τρία

4

hudu

τέσσερα

5

biyar

πέντε

6

shida

έξι

7

bakwai

εφτά

8

takwas

οκτώ

9

tara

εννιά

10

goma

δέκα

11

goma sha daya

έντεκα

12

goma sha biyu

δώδεκα

13

goma sha uku

δεκατρία

14

goma sha hudu

δεκατέσσερα

15

goma sha biyar

δεκαπέντε

16

goma sha shida

δεκαέξι

17

goma sha bakwai

δεκαεφτά

18

goma sha takwas

δεκαοκτώ

19

goma sha tara

δεκαεννέα

20

ashirin

είκοσι

100

dari

εκατό

1.000

dubu

χίλια

1.000.000

miliyan

εκατομμύριο

Turanci

Αγγλικά

Turancin Amurka

Αμερικάνικα Αγγλικά

Mandarin na China

Μανδαρίνικα Κινέζικα

Hindi

Χίντι

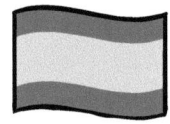

Sifaniyanci

Ισπανικά

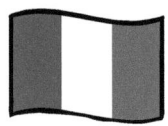

Faransanci

Γαλλικά

Larabci

Αραβικά

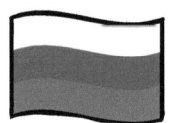

Yaren Rasha

Ρώσικα

Yaren Portugal

Πορτογαλικά

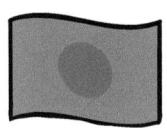

Bengali

Μπενγκάλι

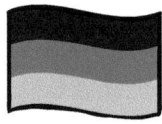

Yaren Jamus

Γερμανικά

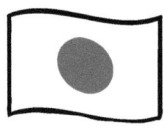

Yaren Japan

Ιαπωνικά

ni

εγώ

kai

εσύ

shi / ita / ita

αυτός / αυτή / αυτό

mu

εμείς

ku

εσείς

su

αυτοί / αυτές / αυτά

wa?

ποιος / ποια / ποιο;

me?

τι;

ya ya?

πώς;

a ina?

πού;

yaushe?

πότε;

suna

όνομα

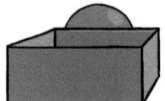

a baya

πίσω

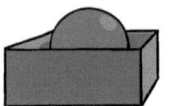

a ciki

μέσα

a gaban

μπροστά

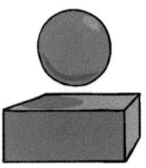

saman

πάνω από

akai

πάνω

karkashi

κάτω

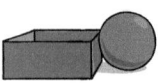

a gefe

δίπλα

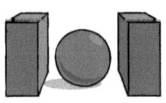

a tsakani

ανάμεσα

wuri

μέρος